PERCORSO DI ISOLAMENTO SENSORIALE

di Yvan Rettore

INTRODUZIONE

In una epoca piena di paure, timori ed incertezze come quella attuale, non risulta certo facile parlare di isolamento sensoriale in quanto la società in cui siamo soliti vivere ci impedisce spesso non soltanto di andare oltre i nostri sensi, ma anche di usarne in modo esauriente il potenziale straordinario che essi racchiudono.

Quindi, il più delle volte percepiamo la realtà in modo parziale, incompleto e approssimativo, fenomeno favorito da un consumismo dominante al quale si accompagnano una miriade di elementi che ci condizionano al punto da creare vere e proprie barriere comunicative sia nei confronti degli altri che di noi stessi. Questo manuale affronta il tema dell'isolamento sensoriale attraverso un percorso di conoscenza dello stesso ma anche di un suo superamento al fine di farci scoprire una realtà più vasta e più complessa rispetto a quella a cui siamo solitamente abituati quotidianamente.

Una realtà sicuramente più completa in grado di farci apprezzare maggiormente le meraviglie del nostro universo, i suoi misteri nonché lo scoprire che in effetti l'essere umano non è fatto di soli "sensi", ma di molto...molto di più!

Yvan Rettore

I. ORIGINI

Alla fine degli anni '80, quando ero studente all'Università di Friburgo in Svizzera, fui invitato ad un incontro interessante sul razzismo. Questo fenomeno all'epoca era molto preoccupante e tale incontro voleva dimostrare l'assurdità dei comportamenti ad esso legati. Furono coinvolte 20 persone, 10 di sesso maschile e 10 di sesso femminile, di varie razze, cultura, età, ceto sociale, ecc...

Tutte però avevano un elemento in comune: erano profondamente razziste. L'esperimento cominciò prima con gli uomini. Per alcuni minuti stettero a guardarsi in un perimetro delimitato. Fu loro detto di indicare su un foglio di carta, in ordine decrescente, quale era la persona che sopportavano di meno, e così via fino a quella invece che apprezzavano di più. Ognuno di loro poi consegnò il pezzo di carta ai conduttori dell'incontro. A quel punto, i loro sensi primari furono isolati e dovettero stare per diversi minuti a toccarsi e ad interloquire tra loro nel più assoluto silenzio, in cecità e senza nemmeno l'apporto olfattivo.

Lo stesso esperimento fu poi fatto col gruppo comprendente sole donne. In entrambi i casi, i risultati furono sorprendenti e nessuna delle liste stilate dai partecipanti si rivelò esatta. I gradi di apprezzamento furono in gran parte sconvolti.

Fu davvero un momento importante, perché fu la dimostrazione palese di quanto pregiudizievoli e limitati siano i nostri sensi nell'approccio col prossimo e quindi di quanto assurdi siano il razzismo e l'intolleranza.

Da quell'esperimento, promosso dal Centro Sociale Fries in collaborazione con l'Università di Friburgo, un gruppo di studiosi (in cui marginalmente mi inserii anch'io all'inizio) decise di ampliare il discorso dell'isolamento sensoriale totale anche alla sfera individuale, in cui si appurò quanto scritto largamente nel mio sito ed in altri scritti miei e della mia compagna, Anna Russo, che di professione è medico.

Purtroppo, alcuni anni dopo lasciai questo percorso per dedicarmi interamente ad una attività imprenditoriale che occupò molto del mio tempo.

Lo ripresi momentaneamente al mio ritorno in Italia, ma il mio attivismo crescente in politica mi distaccò nuovamente dal seguire con costanza tale percorso.

Tuttavia, nella mia sfera individuale non smisi mai di seguire un mio percorso di isolamento sensoriale totale o parziale, seppure in modo discontinuo.

In questi ultimi anni, ho ripreso la cosa con maggiore assiduità e ho deciso di proseguire il lavoro interrotto a suo tempo sul piano della condivisione con altri di questo straordinario e meraviglioso percorso.

Un percorso che permette un alto grado di rilassamento, di dialogare meglio col nostro corpo, il nostro essere e l'ambiente che ci circonda, di acquisire una maggiore consapevolezza sul come usare i nostri sensi e di quali siano effettivamente la loro importanza e il loro ruolo, di riconoscere e riscoprire tutto il mondo extrasensoriale che fa parte di noi (da cose spiegabili come le vibrazioni e la temperatura a quelle più irrazionali come quelle legate alla nostra psiche) e di vivere in modo più armonioso e sereno il nostro rapporto con gli altri.

II. PRESENTAZIONE

Non è una domanda sul significato della vita. La vita ha il significato che ognuno di noi decide di darle ed è un argomento di cui vale la pena discutere. Non si tratta nemmeno di una domanda puramente metafisica anche se riguarda settori che tradizionalmente appartengono al dominio. Nel fondo di questa questione c'è un interrogativo fondamentale che ancora non ha trovato una risposta esauriente.

Quando ci riferiamo alla realtà parliamo di cose tangibili (atomi, molecole e particelle) ma questa naturalmente è solo la nostra realtà **DIRETTAMENTE ATTRAVERSO I NOSTRI SENSI, I 5 SENSI** o indirettamente attraverso le macchine.

E poi, ciò che percepiamo corrisponde davvero a ciò che i nostri sensi ci trasmettono?! Noi costruiamo una immagine della realtà, qualcosa che non sta lassù, tra stelle e galassie, ma bensì soltanto nella nostra testa.

Queste cosmologie potrebbero risultare un inganno, la creazione non di una o più divinità ma bensì i sensi di intelligenze artificiali che vivono in un mondo per noi impossibile da comprendere nelle nostre limitate percezioni.

Ad esempio, le parti coscienti del nostro cervello realizzano un trucco di montaggio molto astuto per convincerci che il suono e la luce viaggiano alla medesima velocità. Infatti, se facciamo schioccare le dita davanti agli occhi percepiamo tre cose come se avvenissero contemporaneamente: il rumore dello schiocco, la visione delle dita che schioccano e anche la decisione stessa di farle schioccare in quel preciso momento. I nostri sensi sono quindi messi in moto, come se si trattasse di una unica azione, cosa che invece non è.

Ecco quindi spiegato il vero motivo di tale percorso: mettere in moto ed interagire con i nostri 5 sensi, capendone i limiti ma anche scoprire quanto vi possa essere una realtà che sfugge ai nostri sensi, che esiste e che a volte abbiamo difficoltà a capire ed accettare e che fa parte soprattutto del mondo della nostra psiche, e quindi delle nostre emotività e del nostro inconscio. Perciò, fare un percorso di isolamento sensoriale può aiutare molto sia la nostra psiche mentale che l'imparare a capire quanto abbiamo ancora da scoprire del mondo che ci circonda. Cosa, quest'ultima, che non appare affatto scontata. Detto questo, perché non tentare di partecipare a un simile percorso?

III. FINALITÀ

Nella società occidentale, si tende a considerare il mondo che ci circonda unicamente attraverso le percezioni sensoriali (cosa ancora più accentuata con l'affermazione del consumismo ormai dilagante), mentre l'ambiente in cui viviamo esiste anche al di là di esse. Riscoprire quindi il valore del tempo, come elemento di vita e di rilassamento del proprio io e non come elemento opprimente, dietro il quale dobbiamo sempre correre perché non ne abbiamo mai abbastanza. Ma poi anche percepire diversamente e in modo più completo e profondo le cose che ci circondano, al fine di apprezzarle maggiormente.

Tutto questo comporta una nuova scoperta del nostro essere sul piano temporale e spaziale, portando ad un rilassamento generale della nostra persona e alla formazione di una attitudine più umile e profonda.

In secondo luogo, siamo abituati anche nei confronti dell'altro a considerarlo soprattutto attraverso le nostre percezioni sensoriali, sbagliando molto spesso la valutazione che se ne fa. L'isolamento sensoriale eseguito con certe varianti permette di approcciare in modo diverso le persone e di considerarle ben al di là delle nostre percezioni sensoriali, creando basi relazionali nuove e originali, fondate su forme di dialogo più significative di quanto possano fare i nostri sensi, che comunque sia sono sempre limitati in questo ambito. Un esempio fra tutti: dopo avere provato una simile pratica, sarà ben difficile essere ancora razzisti o insofferenti a "pelle" nei confronti di chicchessia. Provare per credere!

IV. SVOLGIMENTO DI UN SEMINARIO:

- una prima fase teorico pratica comprendente una presentazione teorica dell'esperimento a cui seguirà un coinvolgimento pratico di tutti i partecipanti allo stesso. Poi, vi sarà una condivisione in gruppo circa le impressioni vissute nella realizzazione dell'esperimento.

- una seconda fase dedicata ad attività di gruppo destinate a scoprire forme di socializzazione extrasensoriali tra i partecipanti. Anche in questo caso vi saranno momenti di condivisione tra questi ultimi circa le impressioni percepite nel corso delle varie attività.

V. IMPOSTAZIONE DEL PERCORSO:

- 1° incontro (seminario): durata 4 ore circa. Prima parte dedicata alla sfera individuale nella quale grazie alla voce guida e ai suggerimenti del conduttore si fanno attività di isolamento progressivo dei sensi primari (vista, udito, olfatto). Seconda parte dedicata ad attività di carattere collettivo in isolamento sensoriale parziale o totale. In ognuna delle due fasi, vi sono sempre momenti di confronto e condivisione tra i partecipanti con la mediazione del conduttore.

- 2° incontro: durata dalle 6 alle 8 ore. Può essere fatto in due giorni o su un giorno intero. È sempre diviso in due parti, in modo analogo a quanto avviene nel seminario, ma le attività vengono fatte anche in ambiente esterno e prevedono specie nella fase collettiva, un coinvolgimento maggiore dei partecipanti. Un momento importante per quanto riguarda la fase individuale è dedicata al confronto e alla condivisione delle esperienze fatte in casa propria durante il lasso di tempo tra il seminario e questo incontro. Il raggiungimento dell'isolamento sensoriale totale si fa anche qui in modo progressivo e rimangono importanti i momenti di confronto e condivisione tra i partecipanti.

- <u>3° incontro:</u> durata di 4 ore circa. Sulla base degli incontri precedenti e delle esperienze fatte in casa propria (sia sul piano individuale che eventualmente familiare), i partecipanti autogestiscono l'incontro confrontandosi e mettendosi in gioco sia in attività individuali che collettive. Il tutto sotto la supervisione del conduttore che può suggerire e consigliare i partecipanti.

Periodo di tempo tra un incontro e l'altro: da uno a due mesi.

Finito il percorso, l'auspicio è che i gruppi così formati possano continuare a vivere di vita propria e a confrontarsi in un percorso di crescita individuale e collettiva innovando o ripetendo le attività ad esso legate, mantenendo un rapporto epistolare e costruttivo col conduttore.

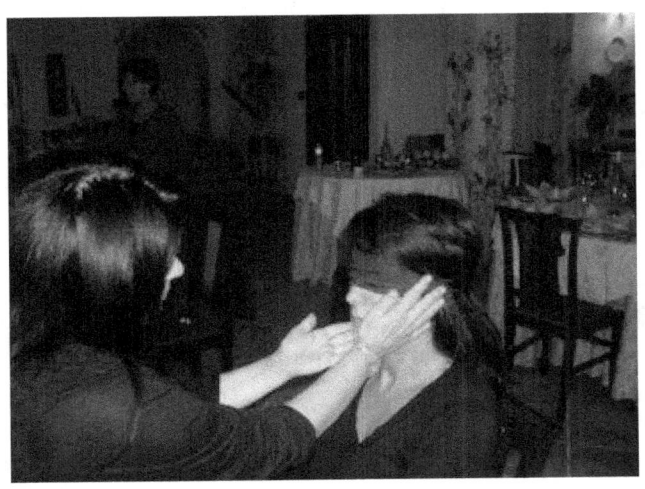

VI. RIFLESSIONI, DIFFERENZE E DEFINIZIONI

LA PAURA DEL BUIO!

Specie nella società occidentale, il buio è stato sempre assimilato alla morte e la luce alla vita. Da qui paure e timori legati al buio sono presenti ovunque nelle nostre città. Lo si vede perfino dall'inquinamento luminoso dirompente che ci impedisce di ammirare le meraviglie del cielo notturno. Invece, è proprio nella riscoperta del buio come componente essenziale del nostro essere e del nostro mondo, che possiamo recuperare un rapporto diverso e più profondo con noi stessi e con gli altri. Attraverso il buio, gli altri sensi riacquistano una valenza maggiore, ma anche la nostra immaginazione, le nostre fantasie sul mondo circostante si acuiscono in modo notevole.

Ad esempio, è nel sonno che possiamo entrare nel mondo fatato dei sogni e vivere nuove emozioni legate alla nostra persona e alle relazioni che intratteniamo. Ma è anche chiudendo gli occhi e respirando con calma che possiamo trovare attimi di pace e serenità.

Quindi, l'isolamento sensoriale vuole portarci anche a rivalutare il buio e a viverlo non come una cosa negativa, ma bensì come un arricchimento del nostro essere quotidiano nel percorso della nostra esistenza.

Yvan Rettore

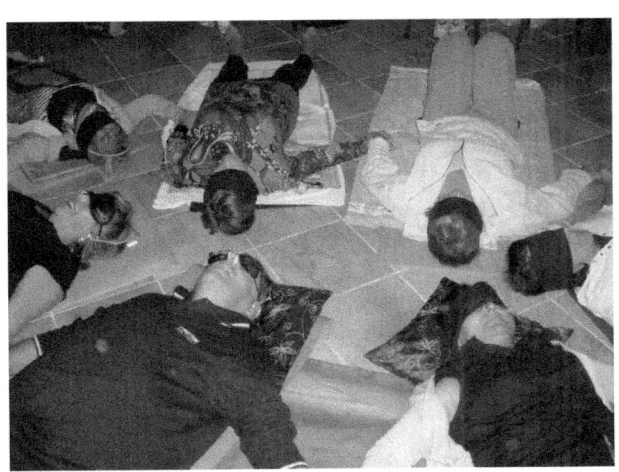

NON È COME UNA CENA AL BUIO!

Le cene al buio oggi vanno di moda. Vengono pubblicizzate dappertutto e i partecipanti sono in costante aumento. Sicuramente sono eventi che permettono di vivere intense emozioni e di scoprire un approccio diverso nello stare insieme agli altri.

Può essere quindi un momento originale per trascorrere una serata diversa dal solito e per conoscere gente nuova. L'isolamento sensoriale totale va ben oltre questo tipo di eventi perché opera con maggiore intensità e in modo più profondo e completo sul nostro essere, sull'ambiente circostante e sulla costruzione di un rapporto più genuino e più vero con il prossimo.

E in questo percorso (per chi vorrà farlo), la cena al buio (vissuta in modo però diverso) ne costituisce solo una componente.

Yvan Rettore

IL TEMPO CREA LA NOSTRA VITA!

Il tempo crea la nostra vita. È la chiave del nostro modo di percepire qualsiasi cosa, dal funzionamento della nostra mente agli eventi che segnano il nostro passaggio dalla nascita alla morte. Forse possiamo immaginare un universo senza ...tempo. Il tempo produce paradossi di ogni sorta, tanto per cominciare si può usare l'esistenza del tempo per dimostrare che nulla è reale. Il passato è morto esattamente come chi ha smesso di vivere, non è più reale dei sogni, giusto? E il futuro non è ancora accaduto. Quindi tutto ciò che deve arrivare è soltanto immaginazione. Ad esser reale pertanto, è solo quell'infinitesimale frammento di tempo tra passato e futuro, che naturalmente equivale a zero. L'ISOLAMENTO serve per farci comunicare con il nostro io ed i nostri simili.

Anna Russo

ISOLAMENTO SENSORIALE: PERCHÉ?

In Occidente, siamo ormai abituati a percepire l'ambiente circostante e gli altri quasi esclusivamente su base sensoriale, il che a volte può risultare pregiudizievole o ingannevole, perché l'uomo non è fatto di soli "sensi"!

Praticando l'isolamento sensoriale totale, si apprezza meglio sé stessi nel rapporto con l'ambiente circostante capendo che esiste una dimensione della realtà extrasensoriale che può presentare anche aspetti di rilassamento non indifferenti. Inoltre permette di instaurare e di considerare in modo più profondo e su una base migliore i rapporti con le altre persone, che a prima vista possono sembrarci antipatiche (ad esempio su una base essenzialmente sensoriale) ma che poi alla fine magari non lo sono affatto. Superare paure, limiti e pregiudizi per giungere ad una migliore conoscenza di sé, dell'ambiente e degli altri.

Yvan Rettore

IL VALORE DEL SILENZIO!

Oggi, la nostra vita quotidiana è invasa di suoni e rumori di ogni genere, alcuni piacevoli, ma parecchi (anzi troppi) risultano essere un'autentica tortura per il nostro povero udito. A volte perfino ascoltare un brano musicale o un film diventa un'impresa, tanto che si finisce con l'ascoltare solo spezzoni e nulla più. Invece l'udito è proprio uno dei nostri sensi più belli, perché i suoni della natura sono davvero unici e meravigliosi, dal vento che ci accarezza allo scorrere dell'acqua, dai canti degli uccelli al fruscio delle foglie...è una orchestrazione che nessuna mente umana è mai riuscita veramente a riprodurre. Purtroppo, l'inquinamento acustico ha raggiunto livelli tali che anche queste cose non ci risultano più di così facile accesso. Alcune persone sono perfino terrorizzate all'idea del silenzio e di riscoprire suoni ormai sconosciuti, perché spesso soffocati dalla nostra civiltà ipertecnologica. È necessario quindi non solo recuperare il silenzio come valore fondante del nostro essere, ma anche riscoprire quella miriade di suoni che fanno parte dell'ecosistema in cui viviamo. L'importante però è anche tornare ad apprezzarli e a dare loro il giusto spazio che spetta loro in quanto parte integrante del nostro essere su questo pianeta.

Yvan Rettore

ODORI: ESSENZA DI VITA!

Gli odori anche quelli più sgradevoli riempiono il nostro vivere quotidiano. Odori legati alla nostra infanzia, alla natura, ai primi amori, a gioie e dolori, a eventi piacevoli e non...l'olfatto forse più di ogni altro senso rimane in stretto contatto con i nostri ricordi e la memoria del tempo andato. È un senso prezioso, notevolmente ridotto dalla nostra civiltà e che invece risultava di fondamentale importanza nelle società primitive e nomadi. Permetteva di capire i vari cicli della natura, a reperire il cibo e ad annusare la presenza delle prede da cacciare. Era un elemento di indubbio valore nell'eterna lotta dell'uomo per la sopravvivenza.

Oggi questo senso è così poco sviluppato che parecchi di noi fanno fatica perfino a distinguere gli odori e a differenziare i profumi dei fiori o delle piante. E anch'io non faccio eccezione in questo. Isolare questo senso, permette di scoprire meglio e in modo diverso l'ambiente che ci circonda, "guardandolo" da un altro punto di vista e facendolo davvero proprio. Ed è anche isolandolo, con l'assenza momentanea di altri sensi, che forse si potrà ridarli una giusta collocazione come senso fondamentale del nostro essere!

Yvan Rettore

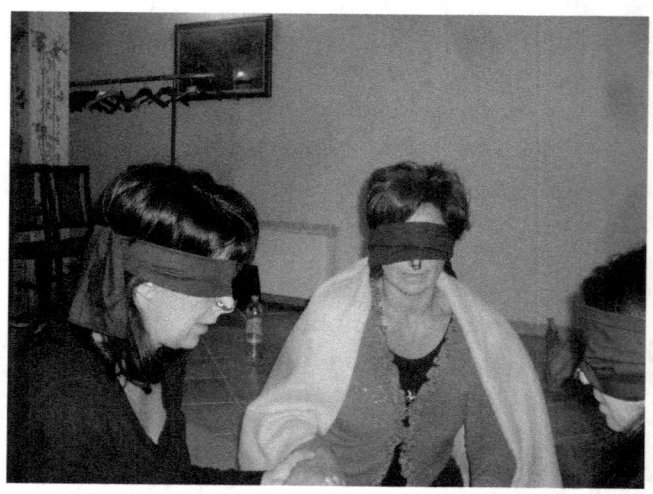

ISOLAMENTO SENSORIALE TOTALE: NON È UN "FAI DA TE"!

L'isolamento sensoriale totale non è una cosa come bere un bicchiere d'acqua, perché altrimenti non rende affatto l'idea del percorso di crescita che invece si può intraprendere attraverso seminari e corsi per aumentare il nostro grado di conoscenza del sé e le nostre capacità di socializzazione su un piano extrasensoriale.

Quindi partecipare ai seminari/corsi in questo senso risulta fondamentale e non è un piacere che fareste al sottoscritto, ma una cosa bellissima che fareste per voi stessi e per stare meglio sia col vostro essere che nei rapporti con gli altri.

Yvan Rettore

ISOLAMENTO SENSORIALE TOTALE: DEFINIZIONE E MOTIVAZIONI

Attraverso l'isolamento dei sensi primari (vista, udito e olfatto), si entra in una dimensione della realtà che spesso ci sfugge, ma che esiste. Una realtà extrasensoriale in cui il tempo diventa astratto, i contorni e la percezione delle cose mutano notevolmente e gli elementi extrasensoriali del nostro corpo si risvegliano: percezione della temperatura, aria, vibrazioni, ecc... E ovviamente finiscono con l'acuirsi... Si entra in uno stato di dormiveglia che rilassa e rinforza il dialogo col nostro essere sia sul piano fisico che della nostra psiche.

Oltre a questo aspetto, l'applicazione dell'isolamento sensoriale ai membri di un gruppo (specie se totale) permette a questi ultimi di coltivare forme di dialogo diverse, più profonde e intense che superano elementi pregiudizievoli e discriminanti verso il prossimo. Facendo questo percorso, lo scopo è di comunicare meglio con noi stessi, usare meglio i nostri sensi e le nostre potenzialità extrasensoriali, e costruire un dialogo comunitario con gli altri partecipanti coi quali condividere periodicamente le proprie esperienze.

Yvan Rettore

I SENSI NON SONO 5, MA 9 E FORSE ADDIRITTURA 21!

Sono almeno 9 oltre a vista, udito, tatto, olfatto e gusto.
Si devono aggiungere:

- propriocezione: capacità di capire dove ci troviamo nello spazio (posizione degli arti, della testa etc). (se ci pensi sai dove si trova per esempio un piede anche senza guardarlo)

- nocicezione: sensazione di risposta a un danno tissutale recepito come dolore a livello del cervello (dolore = componente emotiva della nocicezione)

- equilibrio: grazie al sistema vestibolare e agli stimoli propriocettivi (derivati da capsule articolari, fusi neuromuscolari, organi muscolo tendinei del golgi)

- termocezione: del caldo e del freddo (sono 2 recettori diversi) che però in presenza di danno tissutale si attivano assieme alle fibre nocicettive.

- -abbiamo inoltre recettori per le vibrazioni (corpuscoli del Pacini), per i movimenti tangenziali (corpuscoli del Rufini), per il tatto profondo e superficiale.

Abbiamo poi recettori che per sensi che non vanno mai a livello cosciente e questi sono ad esempio:

- barocettori: per la pressione sanguinea, che va tenuta costante e finemente regolata.

- chemiocettori: per il pH del sangue. (i chemiocettori non si trovano solo qui ma anche nella mucosa olfattiva e a livello dei calici gustativi.

Però studi scientifici dicono con osservanza che potrebbero essere addirittura 21 da individuare.

Anna Russo

VII. ALCUNE TESTIMONIANZE

A/ INCONTRO DEL 22 MAGGIO 2011 A PARMA

PARTECIPANTI:

- MARIA FLISI
- FRANCESCA FERRARI
- ROBERTO BONA.

- FRANCESCA:

  ho provato a rilassarmi e un po' ce l'ho fatta. Bella l'occasione di rientrare in me stessa. Bella l'occasione di ascoltare anche le esperienze altrui per scoprire e notare qualcosa di sé. Bella la sensazione di non avvertire il tempo che passa.

- **MARA:**

  risveglio di attenzione verso capacità assopite. Sviluppo dell'attenzione.

B/ SEMINARIO DEL 25 GIUGNO 2011 A MONTECELIO (ROMA)

PARTECIPANTI:

- **ALESSANDRA DURANTE**
- **VIVIANA SGOBBA.**

I) DISEGNO FIGURATO DEL VOLTO CON L'INDICE.

MODALITÀ:
ISOLAMENTO VISIVO.

- **ALESSANDRA:**

- indice della mano destra: considerato come un elemento estraneo.

- indice della mano sinistra: considerato come una vera scoperta; molto piacevole.

  N.b. tocco dei capelli piace moltissimo.

- **VIVIANA:**

- nessuna differenza sostanziale tra gli indici, lieve ma non di molto in quello della mano sinistra.

- Prova non molto piacevole, perché probabilmente troppo contratta.

II) MEMORIA VISIVA / OLFATTIVA.

MODALITÀ:
ISOLAMENTO VISIVO / OLFATTIVO.

- **ALESSANDRA:**
  - buona memoria visiva
  - percezione olfattiva: l'odore preferito è quello del pupo e in generale gli odori dolci. Sopporta poco gli odori forti, specie quelli legati all'inquinamento.

- **VIVIANA:**
  - Memoria visiva risulta a volte approssimativa.
  - Collaudata a sopportare ogni tipologia di odore. Unico odore insopportabile è quello derivante dall'aglio dominante in certe cucine estere.
  -

III) ESPERIENZE GUIDATE.

MODALITÀ:
ISOLAMENTO VISIVO.

a) VOLO.

- **ALESSANDRA:**

  molto piacevole, simile ai voli astrali già fatti.

- **VIVIANA:**

  molto piacevole. Sensazione di essere come un'aquila (animale preferito).

b) GUARDARSI
(OLTRE LO SPECCHIO).

- **ALESSANDRA:**
  molto positivo. Davvero piacevole.

- **VIVIANA:**
  esperienza positiva, ma limitata in quanto non si piace sul piano fisico.

IV) ISOLAMENTO SENSORIALE TOTALE.

MODALITÀ:

ISOLAMENTO VISIVO / UDITIVO / OLFATTIVO.

IMMAGINARE DI ESSERE IN UNO STATO DI IMMERSIONE.

- **ALESSANDRA:**

  esperienza molto positiva, anche per via del tempo che diventa del tutto astratto.

- **VIVIANA:**

  idem, ma la percezione del rumore immaginato è fastidiosa.

V) CONCLUSIONI:

entrambe hanno giudicato positivamente l'esperienza, dimostrandosi disponibili a ripeterla e ad ampliarla con altre prove che non sono state proposte dato il numero esiguo di partecipanti.

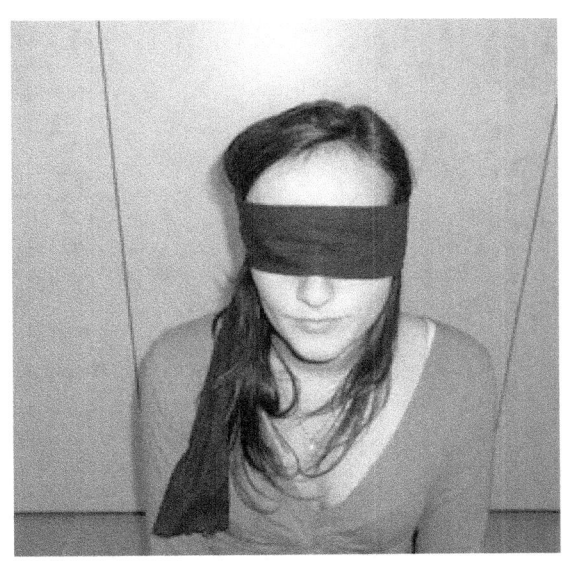

C/ SEMINARIO DEL 26 GIUGNO 2011 PRESSO LA CITTÀ DELL'ALTRA ECONOMIA IN ROMA

PARTECIPANTI:

- STEFANO MIGLIACCI
- CLARA.

I) DISEGNO FIGURATO DEL VOLTO CON L'INDICE.

MODALITÀ:
ISOLAMENTO VISIVO.

- **CLARA:**
    - indice della mano destra: considerato come un elemento negativo.
    - indice della mano sinistra: considerato come una vera scoperta; davvero stupendo.

- **STEFANO:**

    nessuna differenza sostanziale tra gli indici, lieve timore ma non di molto in quello della mano sinistra. Prova non molto piacevole, perché probabilmente troppo contratto.

II) MEMORIA VISIVA E OLFATTIVA.

MODALITÀ:
ISOLAMENTO VISIVO / OLFATTIVO.

- **CLARA:**
    - buona memoria visiva, anche se a volte poco attenta ai dettagli.

    - percezione olfattiva: non sopporta molto gli odori esterni al proprio ambiente, specie quelli provenienti dall'inquinamento o che risultano artefatti.

- **STEFANO:**
    - memoria visiva a volte approssimativa.

    - olfatto poco sensibile. Apprezza però l'odore della benzina e del metallo appena saldato.

III) ESPERIENZE GUIDATE.

MODALITÀ:
ISOLAMENTO VISIVO.

a) **VOLO.**

- **CLARA:**

    meraviglioso, specie i giochi con l'acqua.

- **STEFANO:**

    concentrato su ricordi piacevoli che però hanno impedito di apprezzare appieno il volo. Vista della prateria delimitata in una vallata.

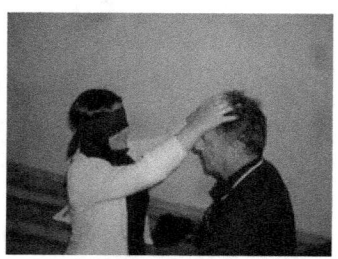

b) GUARDARSI
(OLTRE LO SPECCHIO).

- **CLARA:**

  davvero molto positivo, salvo
  nell'accettazione esterna del
  proprio corpo che si vorrebbe un
  po' diverso.

- **STEFANO:**

  esperienza positiva perché si
  guarda spesso e si apprezza molto.

IV) ISOLAMENTO SENSORIALE
TOTALE.

MODALITÀ:
ISOLAMENTO VISIVO / UDITIVO /
OLFATTIVO.

IMMAGINARE DI ESSERE IN UNO
STATO DI IMMERSIONE.

- **CLARA:**

  esperienza molto positiva però divisa in due parti: una nella ricerca fallita di un contatto tattile con la madre, l'altra concentrata sul ricordo dei sapori. Tempo percepito in modo astratto.

- **STEFANO:**

  difficoltà a concentrarsi con costanza su sé stessi e su elementi al di fuori del momento. Da ripetere in un momento di maggiore tranquillità. Scorrere del tempo percepito con una certa precisione.

V) **CONCLUSIONI:** entrambi hanno giudicato positivamente l'esperienza, dimostrandosi disponibili a ripeterla e ad ampliarla con altre prove che non sono state proposte dato il numero esiguo di partecipanti.

*D/ SEMINARIO DEL 31 LUGLIO 2011
PRESSO LA CITTÀ DELL'ALTRA
ECONOMIA IN ROMA*

PARTECIPANTI:

- STEFANO MIGLIACCI
- ANTONELLA NEVI
- CLARA.

I) DISEGNO FIGURATO DEL VOLTO CON L'INDICE.

MODALITÀ:

ISOLAMENTO VISIVO.

- **CLARA:**

    - indice della mano destra: considerato ancora come un elemento negativo.

    - indice della mano sinistra: molto meglio, anche se sono andata troppo in fretta nell'esecuzione del disegno.

- **STEFANO:**

    ad un certo punto mi sono perso e comunque sono andato meglio con l'indice destro rispetto a quello sinistro.

- **ANTONELLA:**

  ho cercato di essere molto precisa nel seguire ogni contorno del mio viso, seguendo con attenzione le indicazioni di Yvan. Sono andata meglio con l'indice sinistro.

II) MEMORIA VISIVA.

MODALITÀ:
ISOLAMENTO VISIVO.

- **CLARA:**

  ho notato l'altezza del soffitto e com'era fatto il pavimento.

- **ANTONELLA:**

  sono stata colpita dalla massa di libri presenti nella stanza e ho notato una scrivania.

- **STEFANO:**

  sono stato colpito dai finestroni e dalle attrezzature ginniche presenti nella stanza.

N.b. Nessuno dei presenti ha notato i due armadi bianchi presenti nella stanza e alcuni altri elementi secondari (appendiabiti, poltrona, ecc..).

III) MEMORIA VISIVA E OLFATTIVA.

MODALITÀ:

ISOLAMENTO VISIVO / OLFATTIVO.

ODORI PERCEPITI NELLA CORSO DELLA GIORNATA:

- **CLARA:**
    - positivi: cibo e interno auto di Antonella.
    - negativi: camera chiusa, alcuni cibi vecchi nel frigo, sudore, detersivo.

- **ANTONELLA:**
    - positivi: fresco e pulito della stanza.
    - negativi: sudore, alcuni odori di cibo.
    -

- **STEFANO:**
  - positivi: olive salate.
  - negativi: prodotti pulizia, odore di chiuso.

IV) ESPERIENZE GUIDATE.

MODALITÀ:
ISOLAMENTO VISIVO.

a) **VOLO.**

- **CLARA:**

  molto piacevole!

- **ANTONELLA:**

  un po' di torpore e di tensione iniziale, poi ho seguito con attenzione la voce guida cercando di immaginare la cosa.

- **STEFANO:**

  un po' smarrito dopo l'inizio, ma poi lo stato generale è stato molto piacevole.

**b) GUARDARSI
(OLTRE LO SPECCHIO).**

- **CLARA:**

  ho avvertito l'elemento interiore come fondamentale.

- **ANTONELLA:**

  ho preferito lo stato di dormiveglia del "volo", però ho cercato di concentrarmi sulle indicazioni della voce guida.

- **STEFANO:**

  ho fatto fatica a concentrarmi sul mio lato interiore.

V) ISOLAMENTO SENSORIALE TOTALE.

MODALITÀ:

ISOLAMENTO VISIVO / UDITIVO / OLFATTIVO (AD UN CERTO PUNTO I PARTECIPANTI SI PRENDONO PER MANO).

IMMAGINARE DI ESSERE IN UN FONDALE MARINO.

- **CLARA:**

    ho immaginato il fondale di una piscina e mi sono lasciata trasportare in una dimensione in cui sono venuta in contatto in modo contrastato con la figura paterna. Esperienza di conforto e di contrasto. Quest'ultimo si è interrotto con il passaggio al contatto tattile della mano.

- **ANTONELLA:**

  il fondale mi appariva chiaro, pieno di alghe e vegetazione e immaginavo di camminarvi. Dopo un disagio iniziale, il senso di forza collettiva degli altri ha reso la cosa ancora più piacevole.

- **STEFANO:**

  il fondale era melmoso e avvertivo di essere come in uno scafandro da palombaro. Disagio iniziale che poi è scomparso con il piacere tattile del contatto della mano.

TEMPO EFFETTIVO:
6 MINUTI.

PERCEZIONE DEI PARTECIPANTI:

- **CLARA:**

  7 minuti.

- **ANTONELLA:**

  6 minuti.

- **STEFANO:**

  4 minuti.

Tutti hanno considerato astratto l'elemento "tempo" e hanno avuto la sensazione di sentirlo molto più lungo.

VI) PERCORSO IN MOVIMENTO.

MODALITÀ:

ISOLAMENTO VISIVO.

I partecipanti, in coppia, prima di fronte e poi girati schiena contro schiena, "comunicano" tastandosi a vicenda ogni dito della mano, il palmo e scivolando la propria mano sull'avambraccio dell'altro, simulando il gesto di volerlo tirare a se. Tutti i partecipanti hanno ritenuto molto piacevole la cosa e anche se più macchinosa, più intensa quella fatta schiena contro schiena.

VII) CONCLUSIONI: nel complesso il seminario è risultato positivo per tutti i partecipanti sia sul piano del dialogo interiore che nella riscoperta del proprio essere nell'approccio con gli altri.

VIII. PERCORSO DI ISOLAMENTO SENSORIALE INDIVIDUALE

Non tutte le persone riescono ad affrontare le logiche tipiche di attività da fare in gruppo e quindi è utile prevedere un percorso preliminare per questo tipo di soggetti.

Questo limite può essere dovuto a timidezza eccessiva, timori infondati e traumi eccessivi di vario genere. Quindi va rispettato e il soggetto va aiutato nel superarlo e nel riuscire a dargli eventualmente la possibilità effettiva di partecipare successivamente a un autentico percorso di gruppo. Di qui la necessità di proporre un percorso di isolamento sensoriale individuale che si articola in varie fasi:

1. "Rinascita": riscoperta del proprio essere.

2. Confronto di positività e negatività nell'approccio di ogni senso.

3. Confronto di positività e negatività nell'approcio degli elementi extrasensoriali.

4. Confronto di positività e negatività nell'approccio di elementi emotivi.

Fermo restando che permane l'isolamento visivo a ogni incontro, il raggiungimento di un isolamento sensoriale totale si ottiene in modo progressivo e interagendo costantemente col soggetto, in quanto al superamento di ogni prova vi è sempre un importante momento di condivisione tra il corsista e il conduttore. Il materiale da procurarsi è lo stesso di quello previsto nel percorso di gruppo con l'aggiunta di acqua e crema per il viso.

La durata del percorso indiduale varia tra le quattro e le sei ore.

Al termine del percorso, corsista e conduttore decidono insieme se è il caso di proseguire verso un percorso di gruppo o meno.

Esiste anche un percorso di coppia (marito e moglie, fratello e sorella, madre e figlia...) che si sviluppa secondo modalità analoghe a al percorso individuale (con lo stesso materiale) e che prevede un rafforzamento del rapporto attraverso un superamento dei contrasti in essere tra i partecipanti e un'esaltazione degli elementi che li uniscono.

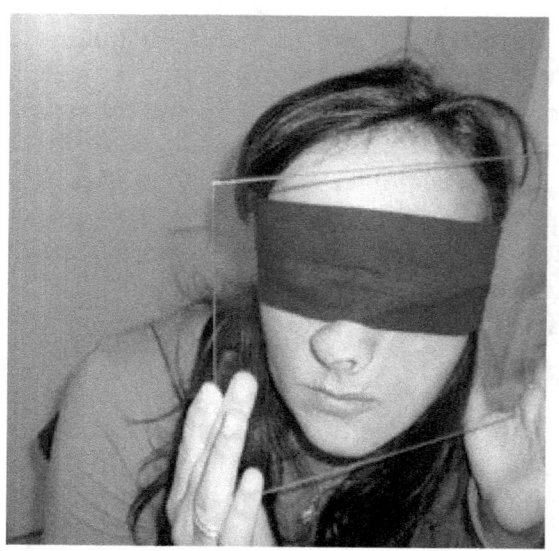

IX. ATTIVITÀ INDIVIDUALI

1/ LA VISIONE AL BUIO: RACCONTA IL TUO SOGNO!

Raccontare un sogno è una delle espressioni più belle della immaginazione umana.

Ciò che vediamo all'interno di essi è spesso ciò che riusciamo a concretizzare, come se fossimo in grado di riprogrammare a piacimento la nostra mente con una serie di eventi destinati poi a materializzarsi.

Si può:

- soffermarsi a pensare al tipo di professione che si vorrebbe realmente fare

- definire le quantità di beni che vorremmo possedere

- oppure prefigurarsi gli obiettivi da raggiungere per

stare meglio con noi stessi e con gli altri.

Detto questo, dobbiamo cercare di pensare a noi stessi nella situazione in cui vorremmo essere con tutti i vantaggi che ciò dovrebbe comportare. Ciò che è fondamentale è che dobbiamo considerare gli scopi da raggiungere come se fossero già stati realizzati. Conviene concentrarsi prima di tutto sulle specificità di questo insieme di fantasie estremamente piacevoli e ripetere questa operazione parecchie volte. In tal modo, questi elementi si fossilizzeranno all'interno della vostra memoria.

Questi ultimi finiranno in seguito col comportare un'influenza crescente nella vostra esistenza quotidiana orientandola proprio verso la positività sognata. Quando vi immergerete nella fase della visualizzazione, dovete essere del tutto isolati e in un ambiente "caldo" (illuminato; anche di notte con la luna piena va benissimo) ma (possibilmente) silenzioso.

Predisponete un impianto di registrazione che vi sarà utile per conservare ciò che esprimerete ad alta voce nel vostro sogno. Copritevi gli occhi con una benda (di colore scuro) permettendo così alle vostre fantasie di poter viaggiare senza limiti. Diversi individui realizzano con successo tale operazione se sedute davanti ad una finestra o uno specchio, perché riescono a considerarlo come uno schermo in cui possono replicare gli elementi che risultanto essere parte integrante del loro sogno.

La visione al buio richiede però che ciò che viene immaginato sia espresso in modo molto chiaro e ben definito. Alcuni soggetti si soffermano allo stato iniziale su positività legate al proprio passato al fine di riuscire ad acquisire uno stato mentale sereno. Una volta entrati in questa fase, riescono a coprire di ottimismo e bellezza qualsiasi obiettivo si prefiggano. In parole povere, è come se si trattasse di realizzare la sceneggiatura di un film di cui voi siete i protagonisti, descrivendola passo passo, immergendovi in diverse situazioni di felicità e serenità e questo senza porvi alcun limite. Liberate ogni vostro desiderio sopito, superate le vostre frustrazioni e lasciate parlare il vostro cuore e l'interezza autentica del vostro essere. Una volta ultimato il vostro "viaggio", fate ritorno alla vostra quotidianità cominciando col comportarvi come se lo scopo sognato fosse già realtà. Potete ripetere tale visione al buio ogni volta che lo ritenete necessario e in particolare negli inevitabili momenti di solitudine che presenta periodicamente la vita di ogni essere umano. La realizzazione del vostro obiettivo dipenderà essenzialmente dalla fiducia che metterete in relazione alla concretizzazione dello stesso. Operando in tal senso, la vostra esistenza risulterà più completa ed intensa di quanto non lo sia stata finora. Ma perché risulti veramente efficace dev'essere praticata regolarmente, ovvero un giorno sì e un giorno no. Questo al fine di mantenere sempre "freschi" gli obiettivi che scaturiscono da questi sogni ed evitare di lasciarsi prendere dall'impossibilità frustrante e logorante di non riuscire a realizzarli. Con la visione al buio, si possono superare i limiti che troppo spesso imprigionano la nostra mente e entrare in dimensioni in cui davvero tutto può diventare possibile.

2/ LA CONCHIGLIA DI MARE:

UN "VIAGGIO MAGICO" ALLA RISCOPERTA DEI NOSTRI SENSI E POTENZIALITA' EXTRASENSORIALI

Le percezioni che ci consentono di conoscere e apprezzare il mondo circostante si manifestano tramite il coinvolgimento sensoriale (ma anche extrasensoriale) e il ragionamento ad esso legato. Purtroppo la maggior parte delle nostre scoperte in tale ambito avviene il più delle volte attraverso un appiattimento delle nostre facoltà intellettive ai pensieri dominanti e soltanto in modo accessorio (o residuo) attraverso ciò che i nostri sensi colgono nell'immediato. L'attività (presentata in questa sede) serve in particolare a riscoprire la realtà nella sua interezza perché troppo spesso questo aspetto ci sfugge. La definizione della bellezza o il riconoscimento di talune verità possono essere stabilite unicamente attraverso propri criteri di valutazione che permangono comunque soggettivi. Onde superare tale limite, occorre vedere oltre i nostri occhi, annusare oltre le nostre narici, udire al di là delle nostre orecchie...Ovvero è necessario stabilire un rapporto nuovo e più intenso con tutto il nostro apparato sensoriale (e extrasensoriale). Capire non soltanto grazie al nostro intelletto, ma anche lasciandosi avvolgere spontaneamente da tutto ciò che l'ambiente ci rimanda, facendolo pienamente nostro e arricchendo quindi la nostra esistenza e l'autoconsapevolezza del nostro essere. Da una semplice conchiglia, si può entrare in una dimensione che supera la visione della stessa. E questo vale per qualsiasi tipo di oggetto col quale interagiamo.

È doveroso affermare fin d'ora che non vi è alcuna intenzione di entrare nella sfera della vostra memoria. Non è affatto richiesta una vostra qualsiasi concentrazione su fatti passati in cui era presente una conchiglia. Si intende invece operare nel campo delle emozioni e sensibilità che suscita l'incontro con l'oggetto qui proposto. Da tale incontro ne potrà conseguire:

- un approccio più forte e vivace con l'ambiente circostante

- una comprensione più completa delle esperienze vissute

- una unione dell'insieme delle nostre percezioni sensoriali (e extrasensoriali) con la vostra vita affettiva e relazionale

- un incremento notevole delle vostre potenzialità e capacità in ambito creativo

- una "visione" più bella e appagante della realtà

- sicuramente un maggiore coinvolgimento della sfera dei sentimenti e degli elementi nascosti all'interno del vostro essere attraverso l'esperienza totale che operate di volta in volta nell'incontro con ogni oggetto del mondo circostante

- un "viaggio" all'interno del vostro essere con la fusione dei ragionamenti derivanti dal vostro intelletto con la conoscenza maggiore scaturita dall'esperienza dell'incontro con l'oggetto presente nell'ambiente in cui vivete.

Prendete una conchiglia di mare e scopritela non nel solito modo superficiale, ma completamente, determinando le sensazioni che tale oggetto suscita in voi: dalla ricezione alle emotività. Lasciate che la vostra mente trattenga liberamente e spontaneamente ogni informazione ricevuta.

Quale oggetto vi fa venire in mente?

Guardate intensamente la conchiglia. Quale altro oggetto vi viene in mente? Coglietene ogni sua forma, da quella globale fino a quelle particolari, dai suoi colori ai suoi disegni. Spostatela e voltatela a piacimento, osservandola in vari punti. Evitate di scoprirli fondandovi su aspetti di carattere razionale. Lasciate "parlare" i vostri occhi in modo del tutto disinibito e spontaneo. Quali sono le emozioni che provate? Calma, piacere, disgusto? Oppure qualcos'altro?

Ascoltate con attenzione la conchiglia.

Ora lasciate "esprimere" il vostro udito. A occhi bendati, accarezzate e poi strofinate il palmo della mano sulla superficie della conchiglia. Ascoltate i suoni che queste azioni vi rimandano. Grattate la conchiglia con le unghie in modo intenso andando su e giù e poi a destra e a sinistra. Cogliete le emozioni che tutto ciò provoca in voi. Vi danno serenità e tranquillità o risultano sgradevoli? Colpite la conchiglia con una penna, "martellandola" dolcemente, fatela cadere su una superficie piana e infine ascoltate il suono del mare che sta al suo interno. Cos'ha colpito il vostro udito? Tentate di percepire le qualità dei rumori uditi.

Oltre il tatto.

Sempre a occhi bendati, ora toccate la conchiglia evitando di pensarla come oggetto che già conoscete. Fate "parlare" il vostro tatto, procedete a una esplorazione minuziosa di ogni dettaglio della sua superficie. Cosa provate? Fastidio, piacere, tensione? Freschezza, chiusura, calore, leggerezza? Andate oltre ciò che emana la semplice esperienza tattile e traducete le sensazioni in elementi propri del vostro essere.

Il naso nella conchiglia.

Sempre a occhi bendati, inserite il naso nella cavità della conchiglia. Superate la sola percezione olfattiva e fate "parlare" gli odori che il vostro naso coglie stando in quella posizione: odore di chiuso, percezione del mare, iodio, frescura, ecc... Bagnate la conchiglia e dopo un po' "immergetevi" nuovamente il naso per vedere se cogliete emozioni diverse dalle precedenti.

"Assaggiare" la conchiglia.

Penultima tappa a occhi bendati. Fate scorrere la conchiglia sulle vostre labbra, sfioratene le asperità con la punta della lingua o come vi più aggrada e pensatela comunque come se voleste davvero "mangiarla". Provate l'esercizio prima con la conchiglia asciutta e poi inumidita.

Mischiate il tutto.

A questo punto, sempre restando bendati, fate "parlare" la vostra mente e sconvolgete ogni convenzione sensoriale mescolando le percezioni ricevute come negli esempi seguenti:

- Che colore ha il suono della conchiglia?

- Che odore invoca in voi il suo aspetto?

- Che suono produce il suo sapore?

E così di seguito fino a descrivere pienamente la conchiglia esclusivamente con i vostri canoni percettivi, prodotti dalla vostra immaginazione e che vi permetteranno di rendere l'incontro con tale oggetto soltanto vostro e quindi completo e assolutamente autentico.

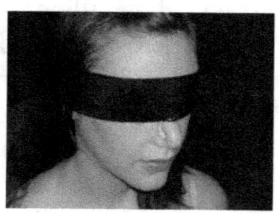

X. LA GIORNATA SENSORIALE ITINERANTE:

Trattasi di un momento da vivere in modo assolutamente giocoso e rilassato, con lo scopo principale di divertirsi e scoprire qualcosa di più su di sé circa la propria persona e l'ambiente circostante.

DESCRIZIONE

È un'occasione per "spogliarsi" di blocchi, timori e paure infondati per dialogare meglio con noi stessi e con gli altri e potere magari poi approfondire le scoperte fatte attraverso un vero e proprio percorso di isolamento sensoriale. L'evento deve essere vissuto come una competizione perché questo rende maggiormente stimolante e divertente lo svolgimento delle attività proposte. Ovviamente, ognuno rimane libero di scegliere sempre cosa fare e non fare, perché la cosa più importante di questo tipo di iniziative è divertirsi. A prescindere dal fatto che ogni attività proposta rimane comunque sottoposta ad una libera scelta preliminare e che la sfera del piacere non è mai legata ad aspetti razionali, ma piuttosto soggettivi e per fortuna che è così!), i giochi sensoriali non si inquadrano affatto in un percorso di isolamento sensoriale e quindi rimangono fini a loro stessi e si limitano soltanto a dare un'idea su cosa significhino certi elementi che stanno dentro di noi ma di cui non siamo pienamente coscienti. La partecipazione è gratuita o a offerta libera.

Numero di concorrenti: da due a sei.

Materiale: bende varie, stringinaso, fogli di carta formato A3, scotch (procurati dall'animatore), cibi freddi (ogni concorrente porterà cibo e bevande per il pranzo), nutella e tappi per orecchie (procurati dai concorrenti).

PROGRAMMA
DELLA GIORNATA

Mattina:

attività di esplorazione in isolamento sensoriale parziale e totale di ambienti interni ed esterni: passeggiata sensoriale all'esterno, ricerca del/la compagno/a di squadra e/o di un oggetto, corsa ad ostacoli.

Pranzo:

esercizi di percezione di oggetti e cibi in isolamento sensoriale parziale e totale: pranzo sensoriale e "indovina col...naso!"

Pomeriggio:

giochi di abilità: la forma giusta, "bacio col... naso", il gioco del sequestro.

DESCRIZIONE DELLE ATTIVITÀ MATTUTINE

PASSEGGIATA SENSORIALE ALL'ESTERNO:

Le persone coinvolte si ritrovano in un parco, in cui viene loro proposta una passeggiata in isolamento sensoriale, ovvero di spostarsi da un punto A ad un punto B, nel minore tempo possibile. Viene proposto un isolamento progressivo dei sensi: primo tratto in isolamento visivo; secondo tratto in isolamento visivo ed uditivo; terzo tratto in isolamento visivo, uditivo ed olfattivo.

RICERCA DEL/LA COMPAGNO/A DI SQUADRA E/O UN OGGETTO:

Si tratta di ritrovare il/la compagno/a di squadra nel minore tempo possibile. In questo caso, entrambi sono in isolamento totale (vista, udito e olfatto). Variante: ritrovare un oggetto (ad esempio un albero) nelle stesse condizioni di cui sopra).

CORSA AD OSTACOLI:

Questo gioco consiste nello spostarsi bendati nello spazio, muovendosi a piedi scalzi sul terreno (per acquisirne maggiore sensibilità al tatto) evitando di toccare gli ostacoli (4 o 5 oggetti vari) sparsi al suolo dagli avversari.

DESCRIZIONE DELLE ATTIVITÀ DURANTE LA PAUSA PRANZO

Il PRANZO SENSORIALE

Ogni concorrente consegna all'animatore dell'evento una busta chiusa contenente il cibo e bevande che ha portato per il pranzo.

In seguito, i partecipanti si accomodano al tavolo e vengono isolati loro vista, udito ed olfatto.

L'animatore "prepara" piatti e bevande per ognuno di loro.

Vince chi scopre tutti o la maggior parte dei cibi e bevande relativi al proprio pasto.

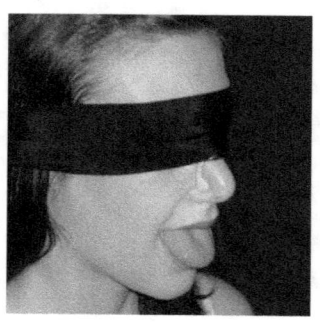

INDOVINA...COL NASO!

Ogni concorrente a turno deve cercare di
indovinare il frutto o oggetto unicamente
toccandolo con la punta del naso.
Ovviamente bendato/a e con naso e
orecchie tappati.
Vince chi indovina tutti o la maggior parte
dei frutti o oggetti toccati.

DESCRIZIONE DELLE ATTIVITÀ POMERIDIANE

LA FORMA GIUSTA

Si fissano alcuni fogli di carta formato A3 su un tavolo.

Poi, a turno ogni partecipante viene bendato e tappato il naso.

La punta del naso appuntita viene quindi ricoperta di nutella.

Il gioco consiste nel disegnare delle forme geometriche (cerchio, quadrato, triangolo) usando tale punta come un pennello e tenendo le mani dietro la schiena.

Vince chi riesce a fare le forme migliori.

BACIO COL...NASO!

Tutti i concorrenti vengono bendati e imbavagliati e tappate loro le orecchie.

A turno dovranno "baciarsi"...sfiorandosi reciprocamente il naso.

Vince chi riesce a scoprire il maggior numero (o addirittura tutti i concorrenti avversari).

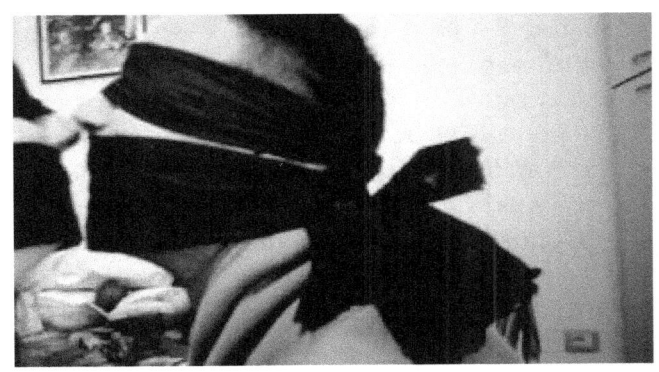

IL "GIOCO DEL SEQUESTRO"

Nelle attività pomeridiane delle giornate sensoriali, può essere proposto questo gioco che al solo nome può giustamente incutere timore, ma che invece vissuto appunto in modo ludico può paradossalmente presentare un carattere liberatorio di non poche inibizioni. Il gioco del "sequestro" dev'essere quindi vissuto appunto come gioco e come scoperta di nuove sensazioni, emozioni e potenzialità. Un esercizio per superare paure infondate, riscoprire il nostro corpo, imparare a potenziare il nostro modo di respirare e di usare la forza del nostro pensiero di cui siamo troppo consapevoli.

Vissuto in questo modo si va oltre l'immagine "criminale" dell'esperienza e si entra in una prova di sfida con noi stessi e con gli altri, nel superare non soltanto i nostri timori (spesso infondati e indotti) e i nostri limiti verso nuove mete sconosciute con l'intento, l'entusiasmo e la curiosità di imparare ad affrontarle, "gustarle" e poi decidere in tutta serenità se fare nostre oppure no.

Svolgimento:

Un/a concorrente viene bendato e gli vengono tappati naso e orecchie. Quindi gli vengono legate le mani dietro la schiena e viene fatto/a girare più volte su sé stesso/a per fargli/le perdere l'orientamento.

Poco distanti, legati ognuno ad una sedia si ritrovano tutti/e gli/le altri/e concorrenti. Tutte/i sono bendati/e e imbavagliati/e.

Uno/a di loro è il/la compagno/a di squadra del/la concorrente in piedi. Questi/a dovrà quindi cercare di ritrovare il/la proprio/a compagno di squadra, liberarlo/a, farsi liberare a sua volta, il tutto nel minor tempo possibile.

Variante:

Nel caso non vi fosse un numero sufficiente di partecipanti per fare delle squadre, allora il/la concorrente in piedi dovrà cercare di liberare l'avversario/a che in quel momento ha meno punti in classifica.

XI. LA MIA GIORNATA SENSORIALE

Erano già diversi mesi che facevo sperimentazioni di isolamento sensoriale col mio gruppo di studio a Friburgo, in Svizzera. Una sera, decidemmo di operare un salto di qualità e di vivere individualmente una giornata di isolamento sensoriale all'interno del proprio ambito domestico. Quando tornai a casa, preparai i cibi per l'indomani, perché non era affatto il caso di usare alla cieca coltelli e/o fornelli! Mi alzai all'alba e dopo essermi fatto una doccia veloce ed avere indossato una tuta comoda, detti il via all'esperimento. Seduto accanto al letto, estrassi dal comodino una benda di seta nera, uno stringinaso (del tipo di quelli in uso fra le nuotatrici di nuoto sincronizzato) e due tappi per le orecchie. Prima coprii accuratamente gli occhi, lasciando libere la punta del naso e le orecchie. Devo dire che risultò una sensazione davvero piacevole, perché la seta ha un effetto rilassante, proprio sugli occhi.

Poi, tappai le orecchie e devo dire che quel silenzio improvviso suscitò in me un non so che di strano, abituati come siamo a vivere sempre in mezzo ad un sacco di rumori, spesso sgradevoli. Dopo alcuni minuti, mi resi però conto di riuscire ad "ascoltare" meglio il mio corpo e in particolare il mio respiro. Infine, l'operazione più difficile fu quella di chiudermi le narici con lo stringinaso. Contrariamente agli occhi e alle orecchie, il naso si trovava così ad essere momentaneamente "deformato" da un corpo estraneo. Non c'era affatto dolore (quello lo si prova con una molletta), ma piuttosto una fastidiosa sensazione esterna, a tratti invasiva, e nulla più. Completato l'isolamento, mi distesi sul letto cercando di abituarmi a respirare regolarmente e tranquillamente con la bocca.

Dopo un po', cominciai a rilassarmi, mentre sentivo che il mio corpo si stava piano piano adattando alla nuova situazione. Capii così che il nostro essere, in mancanza di sensi primari (olfatto, vista e udito), riesce a sfruttare altre nostre potenzialità (in particolare quelle extrasensoriali) rendendole prevalenti al fine di poter continuare a muoversi ed a interagire con gli elementi circostanti. Sinceramente, non so quanto rimasi in quello stato. Non mi addormentai, ma mi ritrovai di sicuro in uno stato di dormiveglia nel quale presi a "dialogare" col mio corpo: dalla temperatura che percepivo maggiormente alle lenzuola che offrivano una sensazione di frescura piacevole, stavo entrando in una nuova dimensione del mio essere. Trascorsi la giornata "esplorando" ogni angolo del mio appartamento e quale non fu la mia sorpresa nel cogliere ogni volta in un modo così diverso, originale ed intenso ogni cosa rispetto al mio stato di "normalità quotidiana". Qualsiasi oggetto percepito sembrava essere diventato improvvisamente più grande e con contorni incerti quanto indefiniti. Perfino, il cibo (inodore) una volta in bocca acquisiva un'altra consistenza ed ovviamente un altro sapore. Ne apprezzavo maggiormente le forme e questo pur senza riuscire ad indovinare sempre di quale alimento si trattasse. Anche bevendo, le sensazioni risultarono diverse rispetto al solito, originate in gran parte dal fatto che dovendolo fare a piccolo sorsi, mi soffermavo di più su ogni liquido ingurgitato. Ricordo poi che mi divertii non poco nel realizzare una costruzione con dei Lego e nel tentare di disegnare delle forme geometriche, quali cerchi, triangoli e altre. Provai perfino a scrivere alcune frasi sul computer.

Non vi dico quanto sorrisi (e risi), quando liberai i miei sensi verso sera (periodo del giorno che scoprii grazie alla sola percezione del calo della temperatura): la casa con i Lego aveva forme irregolari e approssimative, nessuna forma geometrica era pienamente riuscita, nelle frasi scritte soltanto alcune parole risultavano di senso compiuto avvolte in un intrigo anarchico e confuso di lettere e punteggiature spesso del tutto errate. La mia mente poi andò al ricordo delle percezioni di un ambiente, che nella quotidianità appare invece molto più ridotto e scontato. Anche in quel caso specifico, le sorprese furono non poche.

Ma forse l'aspetto più bello della giornata fu l'astrazione del tempo. Oppressi come siamo ogni giorno dal suo trascorrere inesorabile, quel giorno lo sentii stranamente "amico", tanto appariva assente, quasi evanescente. E questa è davvero una sensazione rilassante che è in grado di proiettarti in una dimensione di pace e tranquillità autentiche. Provare per credere!

Yvan Rettore

XII. CONCLUSIONI E RIFERIMENTI

A/ UNA PREGHIERA

Si raccomanda ai pervertiti/maniaci sessuali e ai bigotti dagli orizzonti limitati di evitare di leggere questo libro. Ma se dovessero lo stesso insistere, allora voglio dire loro quanto segue:

- *ai pervertiti/maniaci sessuali:*

l'isolamento sensoriale non c'entra assolutamente nulla con le vostre patetiche quanto squallide perversioni, proprio perché questo meraviglioso percorso risulta essere in completa antitesi con il vostro modo di porvi nei confronti di sé stessi e degli altri: umiltà, capacità di rimettersi in discussione, spirito d'apertura, libertà di scelta e rispetto del prossimo sono cose elementari per chi volesse intraprendere non soltanto il percorso in quanto tale, ma anche per chi intendesse limitarsi a partecipare ad una giornata sensoriale. Sicuramente, non sono qualità che vi appartengono e quindi la domanda sorge spontanea: "Come si fa a crescere e a divertirsi senza quelle qualità?! "

- *ai bigotti:*

l'isolamento sensoriale è autenticamente liberatorio dalle paure, timori, limiti e tabù che troppi settori della nostra società ci inculcano fin dalla prima infanzia. Col risultato che tante (troppe) persone (specie in Occidente) vivono le loro esistenze in modo frustrato, infelici e complessate.

Perché?

Perché semplicemente viene loro impedito di fare le cose che amerebbero veramente fare e questa è un aspetto davvero triste della nostra epoca. Detto questo, vorrei chiedere a lor signori: "Che male c'è nel fare tutto ciò che ci pare e piace, se ciò non arreca alcun danno, né violenza al prossimo?!" Rispondo io per voi: "Non c'è assolutamente nessun male, ma anzi è l'occasione per stare davvero meglio e quando nella propria vita si presenta un'occasione per riuscirvi non ha alcun senso sprecarla."

Ecco il vero significato di quanto faccio!

Questa preghiera ovviamente non ha come destinatari le persone intelligenti e sane di mente in quanto costoro si informano in modo adeguato e poi fanno giustamente le loro scelte a riguardo, com'è giusto che sia.

B/ PERCHÉ?

Concludo con questo breve aneddoto:

"Un giorno un tizio mi chiese cosa mi spingeva a fare e a proporre questo tipo di percorsi.
La mia risposta fu una domanda: "E perché non dovrei farli e/o proporli?" Lui mi guardò sorpreso e io rilanciai: "L'importante è fare ciò che ci piace fare, senza porsi limiti che non siano quelli dettati dal male che si potrebbe arrecare a terzi. Quante volte rinunciamo a fare certe cose che potrebbero davvero farci stare

meglio per paure e timori spesso infondati?! Dal giudizio della gente ai limiti che ci poniamo attraverso una morale dominante, ci troviamo tante volte a dover rinunciare ad essere fino in fondo noi stessi, il che scatena in noi frustrazioni e malesseri che alla fine minano la nostra stessa esistenza. Allora la domanda da farsi è piuttosto: "È questo che voglio o preferisco gioire di ogni cosa ed esperienza che mi offre questa vita?!"

C/ RIFERIMENTI

- Sito internet:

http://percorsosensoriale.jimdo.com/

- Gruppo su Facebook:

http://www.facebook.com/groups/19625
9840397528/

- Pagine su Facebook:
    - *Percorso di isolamento
      sensoriale:*

      https://www.facebook.com
      /pages/Percorso-Di-
      Isolamento-
      Sensoriale/143290445698870
      9

    - *Percorso sensoriali
      individuali e di coppia:*

      https://www.facebook.com
      /percorsisensorialiindividua
      liedicoppia/

- Playlist su youtube:

  - **PERCORSO DI ISOLAMENTO SENSORIALE (PRESENTAZIONE):**

    https://www.youtube.com/playlist?list=PLecbRX7IHbtgeK525Mg8qyoBFka8HvmN2

  - **PERCORSO DI ISOLAMENTO SENSORIALE (TESTIMONIANZE):**

    https://www.youtube.com/playlist?list=PLecbRX7IHbtibbc2brtjD97hXxfEtLkTH

  - **PERCORSO DI ISOLAMENTO SENSORIALE (VIDEO DIMOSTRATIVI DI ALCUNI ESERCIZI RELATIVI AL PERCORSO DI ISOLAMENTO SENSORIALE):**

https://www.youtube.com/
playlist?list=PLecbRX7IHb
tjmgfUYqdc57wLge5w6g54
S

- Gruppo su meetup:

  http://www.meetup.com/it
  -IT/Meetup-Percorsi-
  sensoriali/

PER INFO E PRENOTAZIONI PERCORSI CONTATTARE:

Indirizzo mail:

profprom2009@gmail.com

Cellulare:

38014096

Contatto Skype:

yretto

INDICE

www.ingramcontent.com/pod-product-compliance
Lightning Source LLC
Chambersburg PA
CBHW062047280526
45788CB00003B/1138